BEI GRIN MACHT SICH IHR WISSEN BEZAHLT

- Wir veröffentlichen Ihre Hausarbeit, Bachelor- und Masterarbeit

- Ihr eigenes eBook und Buch - weltweit in allen wichtigen Shops

- Verdienen Sie an jedem Verkauf

Jetzt bei www.GRIN.com hochladen und kostenlos publizieren

Bibliografische Information der Deutschen Nationalbibliothek:

Die Deutsche Bibliothek verzeichnet diese Publikation in der Deutschen National-
bibliografie; detaillierte bibliografische Daten sind im Internet über http://dnb.d-
nb.de/ abrufbar.

Impressum:

Copyright © 2018 GRIN Verlag
Druck und Bindung: Books on Demand GmbH, Norderstedt Germany
ISBN: 9783668902664

Dieses Buch bei GRIN:

https://www.grin.com/document/458530

David Spägele

Die Stimme in unserem Kopf. Haben wir einen freien Willen?

GRIN Verlag

GRIN - Your knowledge has value

Der GRIN Verlag publiziert seit 1998 wissenschaftliche Arbeiten von Studenten, Hochschullehrern und anderen Akademikern als eBook und gedrucktes Buch. Die Verlagswebsite www.grin.com ist die ideale Plattform zur Veröffentlichung von Hausarbeiten, Abschlussarbeiten, wissenschaftlichen Aufsätzen, Dissertationen und Fachbüchern.

Besuchen Sie uns im Internet:

http://www.grin.com/

http://www.facebook.com/grincom

http://www.twitter.com/grin_com

-Die Stimme in unserem Kopf-

Haben wir einen freien Willen?

David Spägele
Seminarfach Kommunikation

Inhaltsverzeichnis

1. Einleitung

Der Begriff der Freiheit scheint in demokratischen Ländern und allgemein in unserer heutigen Gesellschaft einer der wichtigsten Werte zu sein. In einem von Wohlstand geprägten Land wie der Bundesrepublik genießen wir das Privileg, dass die persönlichen Freiheitsrechte fest im Grundgesetz verankert sind. Laut diesem hat jeder Deutsche Staatsbürger das Recht auf „freie Entfaltung seiner Persönlichkeit".[1] Diese Freiheit ist unverletzlich und gesetzlich vom Staat geschützt.[2]

Der Freiheitsbegriff wird von der Menschheit seit Jahrhunderten diskutiert und hinterfragt. Die Bedeutsamkeit des Begriffs belegt auch der sogenannte *Werte Index* von Prof. Peter Wippermann. Dieser wird jährlich veröffentlicht und analysiert, welche abstrakten Werte wie oft und mit welcher Qualität im Internet diskutiert werden. Seit Beginn der Auswertung im Jahre 2009 taucht der Begriff „Freiheit" immer unter den Top 4 der am häufigsten diskutierten Begriffe im Internet auf. Die Studie belegt auch, dass die politische Freiheit aufgrund ihrer dauerhaften Präsens für den Deutschen immer selbstverständlicher wird und diese deshalb zunehmend seltener im Netz diskutiert wird.[3]

Da Menschen in der Regel über ihre Handlungs- und Äußerungsfreiheit häufig nicht selbst entscheiden können, und da diese entweder gegeben oder auch nicht gegeben ist, scheint eine andere Art von Freiheit, die Willensfreiheit, essenzieller zu sein. Sie wird laut Duden als die „Fähigkeit des Menschen, nach eigenem Willen zu handeln, sich frei zu entscheiden"[4], definiert. Die Frage nach der Willensfreiheit beschäftigte bereits viele schlaue Köpfe der Weltgeschichte. Die Bibel als Wissensquelle des Mittelalters schien lange Zeit für Gläubige eine Antwort parat zu halten. In 1. Mose 1:26, 27, steht, dass Gott den Menschen nach seinem Ebenbild erschaffen habe und er somit, wie Gott, einen freien Willen besäße.[5] Dieser Gedanke des freien Willens ging jedoch mit Anbruch der Aufklärung unter: Der Mensch begann die Welt nüchtern zu erforschen. Wissenschaftler begannen die Willensfreiheit für einen Mythos zu halten.

Es gibt eine Vielzahl unterschiedlicher Meinungen dazu, ob der Mensch über einen freien Wille verfügt oder nicht. Sei es in der *midlife crisis* oder im rebellierenden Jugendalter: Viele Menschen bewegt das Thema, ob die Entscheidungen, die sie täglich treffen, auch wirklich die ihren sind, ob alles was sie tun vorher bestimmt ist oder ob sie ihrer Biologie unterliegen. Gerade in der heutigen, schnelllebigen Gesellschaft, in der Leistung und Effizienz von den Menschen gefordert wird, scheint das Leben an den Menschen vorbeizuziehen. Ob das Ge-

---

[1] Landtag Baden-Württemberg: Grundgesetz Landesverfassung. 2010, Seite 14.
[2] Ebd.
[3] Richert, Beatrice: Werte Index 2018, https://www.tns-infratest.com/presse/presseinformation.asp?prID=3609.
[4] Duden: Willensfreiheit, die, https://www.duden.de/rechtschreibung/Willensfreiheit.
[5] Was sagt die Bibel über Willensfreiheit? Ist mein Schicksal nicht fest in Gottes Hand?
https://www.jw.org/de/bibel-und-praxis/fragen/willensfreiheit-und-die-bibel/.

ständnis zur Willensfreiheit lediglich eine hoffnungsvolle Leugnung des Determinismus ist oder nicht, werde ich nun im Folgenden versuchen zu erläutern.

Problemstellung

Die Frage nach dem freien Willen ist ein Kernelement vieler wissenschaftlicher Veröffentlichungen, gerade wegen ihrer immensen Bedeutung für die Menschheit. Dabei lassen sich, je nach Lehransatz, unterschiedliche Betrachtungsweisen beziehungsweise Paradigmen vorfinden. So haben beispielsweise die Theologie, der Humanismus, die Psychoanalyse, der Behaviorismus, die Biopsychologie und der Kognitivismus zwar zum Teil ähnliche, aber dennoch sich voneinander abhebende Standpunkte zu dieser existenziellen Frage. Im Zuge meiner folgenden Ausführungen werde ich mich auf die Ansätze des Behaviorismus und der Biopsychologie beschränken. Insbesondere sollen dabei die Prägung und die Einschränkung der Willensfreiheit durch das *Unterbewusstsein* (der Stimme in unserem Kopf) auf die menschliche Entscheidungsbildung hierbei im Vordergrund stehen.

2. Das Ich-Bewusstsein

Im Zentrum all unserer Entscheidungen steht das *Ich*. Entscheidungsfreiheit zu haben, heißt, unabhängig und uneingeschränkt von anderen entscheiden zu können. Ständig wird der Mensch vom *Ich* begleitet, dass seinen Körper in jeglicher Lebenssituation zu steuern vermag. Was genau zum *Ich* gehört und was es überhaupt ist, muss zuerst definiert werden, um dessen Bedeutung für den Menschen zu darstellen zu können.

Über die Definition des *Ichs* sind sich Wissenschaftler sehr unschlüssig. Trotz der vielen unterschiedlichen Definitionen gibt es einen Punkt, in dem sich nahezu alle Wissenschaftler einig sind: Das *Ich* ist Träger des menschlichen Bewusstseins.[6] Ebenso zeichnet sich der Mensch durch sein einzigartig hochentwickeltes *Ich-Bewusstsein* aus.

Die Welt wird von den Menschen höchst subjektiv wahrgenommen. Dennoch existiert laut Michael Tomasello, einem renommierten Verhaltensforscher aus den USA, das *Ich-Bewusstsein* eines jeden Menschen erst durch die Wechselbeziehung mit anderen Menschen.[7] Der Religionsphilosoph Martin Buber beschreibt: „Erst die Begegnung mit einem menschlichen Gegenüber, dem *Du* (Ich-Du-Beziehung) [...] ermöglicht eine Abgrenzung des *Ich* von seiner Umwelt.". Folglich wird „der Mensch durch das *Du* zum *Ich*.[8] So ist die Sozialkompetenz bei Menschen im Vergleich zu Tieren deut-

Bild 1: Das „Ich" am „Du"

---

[6] Schüngel, Niclas: D. Determinismus und Willensfreiheit, http://nicolas.schuengel.net/buch/determinismus.php.

[7] Bahnsen, Ulrich; Schnabel, Ulrich: Was ist das Ich?,
http://www.zeit.de/zeit-wissen/2012/02/Mensch-Individuum-Selbstbewusstsein/komplettansicht.

[8] Buber, Martin; Ich und du. Ditzingen 2001 S.34ff..

lich ausgeprägter: Schimpansen sind im jungen Kindesalter in ihren motorischen Fähigkeiten gleichaltriger, menschlicher Kinder weit überlegen. Geht es jedoch um sozialen Verstand, haben Menschenkinder die Nase weit vorne. Aus diesem Grund sind aus der Gesellschaft isolierte Kinder auch nicht intelligenter als ein Affe selbst es sein mag.[9] Dieses Phänomen ist unter dem Begriff der „Wolfskinder" bekannt. Sie sind der beste Beweis dafür, dass das Alleinstellungsmerkmal des *Homo sapiens* die Kommunikation und Interaktion mit anderen ist. Somit auch das daraus resultierende *Ich-Bewusstsein*. Wird Kindern diese Zuwendung und Anerkennung von anderen Menschen entzogen, so sind sie nur sehr schwer wieder in unsere Gesellschaft integrierbar.

Das *Ich-Gefühl* entsteht durch unsere Wahrnehmungen. Vor allem Sinne, wie das Sehen und das Gleichgewichtsgefühl, haben einen besonders großen Einfluss darauf. Der Neurowissenschaftler Olaf Blanke geht über die klassisch philosophische Frage „Wer bin ich?" hinaus und hinterfragt das menschliche *Ich-Bewusstsein* mit der Frage „Wo bin Ich?".[10] Diese Frage versucht er mit diversen Versuchen zur Sinneswahrnehmung zu erklären. Bei der Manipulation der Sinne, sei es durch elektrische Stimulierung oder vorgespielten Videos, entstehen außergewöhnliche Phänomene: Probanden berichten von außerkörperliche Erfahrungen und Wahrnehmungsverschiebungen. Daraus lässt sich schlussfolgern, dass der Mensch sein *Ich* anhand eines Körpers identifiziert. Er versucht sein Dasein in seiner irdischen Existenz zu begründen.[11] Und auch wenn es dem Menschen oftmals schwer fällt zu glauben, dass es mehr Identitäten als seine eigene gibt, akzeptiert er dennoch sein Gegenüber, in dem er dessen Körper wahrnimmt und somit als Persönlichkeit anerkennt.

3. Das Unterbewusstsein

Sigmund Freud ist einer der bedeutsamsten Denker der Neuzeit. Mit der Psychoanalyse erstellte er ein Grundkonzept, das sich als ein Meilenstein in der Psychologie entpuppte. Auch wenn ein Teil seiner Theorien umstritten sind, so bauen dennoch viele aktuelle Ansätze auf Freuds Werken auf. Er erforschte den Antrieb, der hinter menschlichem Handeln steht und versuchte somit die Seele der Menschen zu ergründen.[12] Ein Kernelement der Psychoanalyse ist das *Unterbewusstsein*. Die *Stimme in unserem Kopf*, die den Menschen durch den Alltag begleitet. Diese Stimme ist jedoch vielmehr als nur ein Begleiter. Als Unterbewusstes werden psychische Vorgänge beschrieben, die unterhalb der Bewusstseinsschwelle liegen und damit der rationalen Kontrolle des Menschen entzogen sind.[13] Tatsächlich arbeitet der Großteil des

---

[9] Schüngel, Niclas: D. Determinismus und Willensfreiheit, http://nicolas.schuengel.net/buch/determinismus.php.
[10] Blanke, Olaf / Lenggenhager, Bigna / und Heydrich Lukas: Mein Körper und ich, https://www.spektrum.de/magazin/mein-koerper-und-ich/1011012.
[11] Ebd.
[12] Kutter, Peter: Moderne Psychoanalyse: eine Einführung in die Psychologie unbewusster Prozesse. Stuttgart 3 überarbeitete Aufl. 2000.
[13] Be., J ; Spektrum Akademischer Verlag, Hamburg, www.spektrum.de/lexikon/biologie/unterbewusstsein/68591.

menschlichen Gehirns unterbewusst. Das heißt, der Großteil von dem, was wir tun, vollziehen wir ohne einen bewussten Einfluss darauf zu haben.[14]

Dazu gehören das Blinzeln, die Atmung, Verdauung und so weiter. Jedoch sind auch Vorgänge wie beispielsweise das Autofahren oder das Gehen zur Schule oftmals unterbewusste Handlungen. Die Frage, warum unser Kopf häufig Herr über unsere eigenen Taten ist, lässt sich recht einfach deuten: Ein Viertel des gesamten Körperenergiehaushaltes wird von dem menschlichen Gehirn verbraucht.[15] Dieser Anteil wäre um vieles größer, gäbe es nicht das Unterbewusstsein, welches andauernd versucht Prozesse des bewussten Denkens zu automatisieren.[16] Ein gutes Beispiel dafür ist das Autofahren. Anfangs ist von einem Fahrschüler höchste Konzentration gefordert, um das Fahrzeug zu steuern, zu schalten und dabei noch auf sein Umfeld zu achten. Nach der ersten Fahrstunde sind die meisten Fahrschüler sehr gestresst. Ein geübter Fahrer jedoch kann sowohl Autofahren, Musik hören und dabei mit seinem Beifahrer reden, ohne sonderlich gestresst zu sein.

Das *Unterbewusstsein* lernt und erkennt unerfahrene Prozesse, die der Mensch erlebt. Diese speichert er ab und wendet sie beim nächsten Mal ohne Kontrolle des Bewusstseins an. „Es sucht nach Mustern, um die Welt schnell und effizient zu begreifen [...]."[17]Aufgrund der schnellen Reaktionsgeschwindigkeit des *Unterbewusstseins*, ohne Erörterung des Problems oder der Situation zu handeln, spart sich das Gehirn eine Menge Energie ein. Alltagssituationen müssen nicht von Tag zu Tag neu erlernt und hinterfragt werden, was ein enormer Zeitaufwand wäre.[18] [19]Wird dem geübten Autofahrer die Vorfahrt genommen, und es kommt beinahe zu einem Unfall, handelt das *Unterbewusstsein* instinktiv bevor der Fahrer überhaupt bewusst wahrnimmt, was genau geschehen ist. Aus gesammelten Erfahrungen und angeeignetem Wissen reagiert der Autofahrer und wird automatisch, ohne bewusst darüber nachzudenken, bremsen und vor dem Hindernis ausweichen.

Um diese Bereitschaft des *Unterbewusstseins* zu gewährleisten, nimmt der Mensch viel mehr unbewusst als bewusst wahr. Das Unterbewusstsein erfasst alles mit den Sinnen Aufgenommene und speichert den Großteil davon ab.[20] Selbst bewusst Wahrgenommenes wird schnell wieder unbewusst. Aus diesem Grunde erkennt man gelegentlich Menschen auf der Straße wieder; ein Gesicht scheint einem spontan bekannt vor zu kommen. Man kann das Gesicht dennoch keinem Namen zuordnen. Das Wissen ist vorhanden, bleibt jedoch vorerst unbewusst.[21]

---

[14] Dr. Herzog, Christa: Was ist Unterbewusstsein, http://www.privatedimension.at/was_ist_unterbewusstsein.html.
[15]Stangl, W.: Energieverbrauch des Gehirns, http://arbeitsblaetter-news.stangl-taller.at/energieverbrauch-des-gehirns/.
[16]Blanke, Olaf / Lenggenhager, Bigna / und Heydrich Lukas: Mein Körper und ich, https://www.spektrum.de/magazin/mein-koerper-und-ich/1011012.
[17]Kara, Stefanie: Wir wissen nicht was wir tun. (Das Unbewusste), in: Die Zeit (25.01.2018), Ausgabe 5, S.31 f.
[18]Schüngel, Niclas: D. Determinismus und Willensfreiheit, http://nicolas.schuengel.net/buch/determinismus.php.
[19]Stüvel, Heike: Die heimliche Macht des Unbewussten, https://www.welt.de/wissenschaft/article3411612/Die-heimliche-Macht-des-Unbewussten.html.
[20]Schüngel, Niclas: D. Determinismus und Willensfreiheit, http://nicolas.schuengel.net/buch/determinismus.php.
[21]Ebd.

Je nach Quelle trifft das *Unterbewusstsein* zwischen 90-99% der gemachten Entscheidungen eines Menschen und steuert ihn durch den Alltag. Davon bewusst wird dem Menschen lediglich das Ergebnis in Form einer Handlung. Dies entdeckte bereits Sigmund Freud und fasste diese These in einem Schema zusammen, das sogenannte „Eisberg-Modell".[22] Sinnbildlich für die bewussten Prozesse steht hierbei die Spitze des Eisbergs, die über Wasser liegt und für jeden gut zu erkennen ist. Das *Unbewusste* wird durch den im Wasser liegenden Teil des Eisberges, der vielmals größer

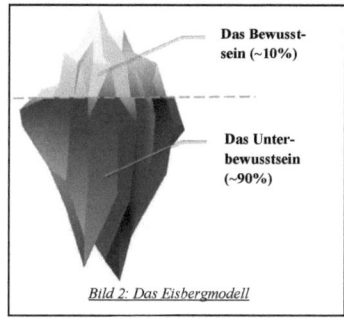

Das Bewusst-
sein (~10%)

Das Unter-
bewusstsein
(~90%)

Bild 2: Das Eisbergmodell

als die über dem Wasser liegende Spitze ist, symbolisiert. Dieser Teil ist von außen nicht einsehbar. Entscheidungen werden damit tagtäglich von einem Teil des *Ichs* getroffen, der dem Menschen weder bekannt ist, noch auf den er einen großen Einfluss hat. Das erscheint zumindest so. [23]

Schon als Embryo nehmen Menschen ihre Umwelt mit allen Sinnen wahr und speichern die gesammelten Einflüsse in ihrem *Unterbewusstsein*. Bis zum vierten Lebensjahr wird das menschliche *Unterbewusstsein* am stärksten geprägt. [24] In der Triebtheorie Freuds wird dieses Alter auch als das triebvollste des Menschen bezeichnet. Das Kind möchte seine Lust befriedigen um sowohl Umwelt, Mitmenschen als auch seinen eigenen Körper zu entdecken. Demnach nimmt das Kind hauptsächlich in diesem Alter seine kulturelle Identität, verschiedene Verhaltensweisen und Sprache aus seinem Umfeld, meist der Familie, auf. Dort Erlerntes festigt sich besonders im *Unterbewusstsein* und prägt die Persönlichkeit des Menschen bis an sein Lebensende.[25] [26]

Sowohl Be- als auch *Unterbewusstsein* sind die Summe aller gemachten Erfahrungen, das Produkt der Erziehung und der Prägung des gemeinschaftlichen Umfeldes. Dadurch ist unsere Entscheidung von Rahmenbedingungen der erlebten Situation und von bereits erlernten Möglichkeiten zu entscheiden, abhängig. Im Gegensatz zu Freuds Lehrmeinung schreibt die heutige Psychologie den Affekten eine größere Rolle in unterbewussten Entscheidungen zu, als den Trieben.[27] Je nach Gemütszustand, der auch von physischen Aktivitäten geprägt sein kann, reagiert der Mensch unterschiedlich. Die University of British Columbia fand heraus, dass Menschen, die einen höheren Herzschlag haben, oder diesen lediglich durch Kopfhörer

---

[22]Kutter, Peter: Moderne Psychoanalyse: eine Einführung in die Psychologie unbewusster Prozesse. Stuttgart 3 überarbeitete Aufl. 2000.

[23] Kutter, Peter: Moderne Psychoanalyse: eine Einführung in die Psychologie unbewusster Prozesse. Stuttgart 3 überarbeitete Aufl. 2000.

[24]D'amicis, Francesca / Höfer, Petra / Röckenhaus, Freddie: Das automatische Gehirn, zweiteilige Dokumentation, 86min, 2011.

[25]Be., J ; Spektrum Akademischer Verlag, Hamburg, www.spektrum.de/lexikon/biologie/unterbewusstsein/68591.

[26]Dr. Herzog, Christa: Was ist Unterbewusstsein, http://www.privatedimension.at/was_ist_unterbewusstsein.html.

[27]Kara, Stefanie: Wir wissen nicht was wir tun. (Das Unbewusste), in: Die Zeit (25.01.2018), Ausgabe 5, S.31f.

wahrnehmen, bereiter sind die Wahrheit vor anderen Menschen auszusprechen.[28] Wissenschaftler behaupten, dass durch einen erhöhten Puls ein gesteigerter Stressspiegel in moralischen Entscheidungen bei dem Menschen ausgelöst werde. Das führe wiederum dazu, dass der Mensch bereiter ist, nach Normen und Werten zu handeln.[29] Diese These lässt sich auf andere Affekte wie Wut, Trauer, Freude, aber auch körperabhängige Affekte wie Durst und Schmerz, adaptieren.

Unterbewusstsein und Bewusstsein sind nicht wie Schwarz und Weiß voneinander zu trennen. Freud spricht zusätzlich von einem vorbewussten Zustand in dem wiederaufrufbares Wissen und Erinnerung enthalten sind. Dies schematisiert Freud im sogenannten „topographischen Modell", in dem Unter-, Vor-, und Bewusstsein sinnbildlich dargestellt wird.[30] Wann genau bewusst über eine Entscheidung des Menschen in dessen Gehirn erörtert wird, ist subjektiv und situationsabhängig, weshalb sich viele Fragen und Entscheidungen nicht in Form eines Bewusstseinszustands kategorisieren lassen.

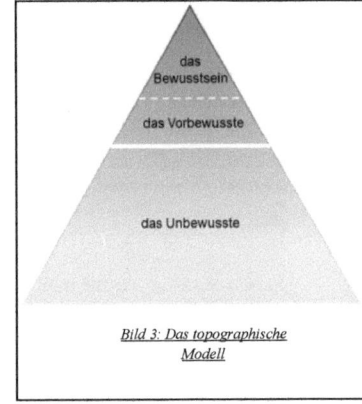

Bild 3: Das topographische Modell

4. Von Unbewusst zu Bewusst

Das therapeutisch als *blackbox* bezeichnete *Unterbewusstsein* ist entgegen Freuds Meinung nicht ausschließlich von menschlichen Trieben beeinflusst. Ebenso wenig unterliegt der Mensch vollständig seinem eigenen Unterbewusstsein, auch wenn Prozesse des Unterbewusstseins nicht, wie die des bewussten Denkens, steuerbar sind.[31] Allerdings kann der Mensch sein Unterbewusstsein anhand eines reflektierten Lernprozesses umprogrammieren. Wird sich ein Mensch über einen bestimmten Teil seines unkontrollierten Handelns bewusst, so kann er durch häufige Wiederholung der jetzt bewusst gewordenen Angewohnheit eine Veränderung bewirken.

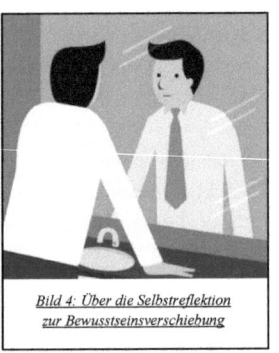

Bild 4: Über die Selbstreflektion zur Bewusstseinsverschiebung

Das erfordert jedoch Konzentration, Bereitwilligkeit und viel Übung, weshalb man auch nur wenig Abgespeichertes gleichzeitig umprogrammieren kann. Nimmt sich zum Beispiel ein Mensch mit Übergewicht vor, gesünder zu leben, führt erst die Erkenntnis über die falschen Essgewohnheiten und die Willensbereitschaft, die gewonnen Erkenntnisse auch einzuüben zu einer Veränderung in seiner Ernährung. Carl Jung war einer der ersten Vertreter dieser These. Sie wird bis heute in der Psychotherapie verwendet um pathologisches Verhalten umzugewöhnen. Der Psychologieprofessor Michael Dietrich forscht

---

[28] Ebd.
[29] Ebd.
[30] Pongratz J., Ludwig: Hauptströmungen der Tiefenpsychologie. Stuttgart überarbeitete Auflage 1983.
[31] Kutter, Peter: Moderne Psychoanalyse: eine Einführung in die Psychologie unbewusster Prozesse. Stuttgart 3 überarbeitete Aufl. 2000.

auf diesem Teilgebiet der therapeutischen Psychologie und der Förderdiagnostik an dem Institut für praktische Psychologie Freudenstadt. Er hält die Reflektionsfähigkeit für den Schlüssel sich das Unterbewusstsein zu ergründen.[32]

5. Unterbewusste Entscheidungen

Hirnforscher und Neurowissenschaftler gewannen vor einigen Jahrzehnten bahnbrechende Erkenntnisse über das menschliche Gehirn. Die dazu durchgeführten Versuche schienen den Gedanken von einem freien Willen zu einem Irrglauben zu machen und stellten das Bewusstsein als Lüge des menschlichen Gehirns, also letztendlich eine Illusion, dar. Das erste und bekannteste von ihnen war das „Libet-Experiment". In dem aus den 70er Jahren von Benjamin Libet stammende Experiment sollten die Probanden willkürlich ihre rechte oder linke Hand hochheben. Währenddessen wurden die Hirnströmungen der Versuchspersonen mittels EEG gemessen. Die Wissenschaftler konnten bereits 50 Millisekunden bevor die Probanden ihre Hand hoben, beurteilen, welche Hand sie heben würden. Anhand dieses Experimentes entdeckte Libet auch, dass erst nachdem die motorische Aktivität durchgeführt wurde, dem Menschen bewusst wurde, welche Hand er angehoben hatte.[33] [34]

Kritik an diesem Versuch folgte recht schnell: Weder sei das Heben der Hand eine Willensentscheidung, die man bewusst ausüben müsse, noch könne man anhand des Versuchsaufbaus die genaue Zeit einer bewussten Handlung messen. Eine eindeutige Lösung der Frage nach der Willensfreiheit war mit dieser Studie letztendlich nicht belegt, jedoch wurde dadurch klar, dass sich der freie Wille mit höchster Wahrscheinlichkeit nicht wissenschaftlich beweisen ließe.[35]

Dennoch folgten auf diesen Versuch eine Reihe weiterer Experimente im Zusammenhang mit dem menschlichen Bewusstsein durch Wissenschaftler aus der ganzen Welt. Die relevantesten Experimente wurden in den 90er Jahren von Michael Gazzangia an sogenannten *Split-Brain-Patienten* durchgeführt. *Split-Brain-Patienten* sind Menschen, deren Gehirnhälften nicht miteinander über dem corpus callosum (Gehirnbalken) miteinander verbunden sind.[36] In einem dieser Versuche wurden Split-Brain-Patienten vor Monitore gesetzt, auf denen sie verschiedene Textstellen zu lesen bekamen. Nach einer Weile erschien eine Textzeile auf der stand, dass sie aufstehen und aus dem Zimmer gehen sollten. Diese Information nahm lediglich die linke Gehirnhälfte aller Probanden auf, da diese für das Lesen zuständig ist. Nachdem die Patienten befragt wurden, warum sie aufgestanden seien, antwortete keiner der Probanden der Wahrheit

---

[32] Dietrich, Michael: Wie sich Menschen ändern. Und wie wir dazu beitragen können, Witten.

[33] Geurek, Alex: Die Frage nach der Willensfreiheit, https://www.huffingtonpost.de/alex-geburek/determinismus-wille-entscheidungsfindung_b_12901208.html.

[34] Linde, Malte: Das Libet-Experiment, https://www.planet-wissen.de/natur/forschung/hirnforschung/pwiedaslibetexperiment100.html.

[35] Kara, Stefanie: Wir wissen nicht was wir tun. (Das Unbewusste), in: Die Zeit (25.01.2018), Ausgabe 5, S.31f.

[36] Geburek, Alex: Die Frage nach der Willensfreiheit,
https://www.huffingtonpost.de/alex-geburek/determinismus-wille-entscheidungsfindung_b_12901208.html.

gemäß, dass sie es nicht wüsten (aufgrund der fehlenden Verbindung der linken mit der rechten Gehirnhälfte). Anstatt dessen nannten die Patienten willkürlich plausibel erscheinende Erklärungen, wie, dass sie auf die Toilette müssten.

Dadurch wurde nachgewiesen, dass das Gehirn dem Menschen sinnige Gründe für sein Handeln vorgibt, auch wenn unklare Beweggründe hinter diesen Handlungen stecken.[37] [38] Dieses Experiment war deutlich umstrittener als Libets Experiment. Auch hier wurde massiv kritisiert. Erneut sei die Entscheidung aufzustehen keine Willensentscheidung, sondern ein Befehl. An Split-Brain-Patienten zu forschen sei nicht repräsentativ, da sich ihre Hirnstruktur grundsätzlich von gesunden Menschen unterscheide. Darüber hinaus wurde auch die Persönlichkeit Gazzangia selbst stark kritisiert. Leugnen lassen sich die aus der Studie enthaltenen Fakten dennoch nicht und für Neurowissenschaftler war die Frage nach dem freien Willen fortan geklärt. Sie schlussfolgerten sogar daraus, dass selbst das Ich eine Illusion sei und dem Menschen von seinem Gehirn und neuronalen Vorgängen vorgespielt würde.

6. Determinismus

Ein Orakel prophezeite Ödipus, dass er seinen Vater ermorden und seine Mutter heiraten werde. Um das zu verhindern, setzte Laios, der Vater Ödipus', seinen Sohn in der Wildnis aus. Von einer anderen Familie gefunden und aufgezogen, erfuhr er selbst von der Prophetie und floh, um seine vermeintlichen Eltern zu schützen. Er stieß auf seinen wirklichen Vater, tötete ihn und heiratete schließlich seine Mutter. Als er von der Erfüllung der Weissagung erfuhr, stach er sich selbst die Augen aus.

Für Philosophen ist der springende Punkt der Tragödie des Ödipus, dass der Mensch einem Schicksal unterliegt und diesem nicht entkommen kann. Alles was auf dieser Erde passiert, ist eine Folge von einer bereits passierten Ursache („actio → reactio"). Alles, was passiert, geschieht aus einem bestimmten Grund. Das menschliche Leben ist vorherbestimmt. Dieser Versuch, sich die Welt zu erklären, nennt sich die Theorie des *Determinismus*.[39] Die Welt folgt gewissen Gesetzmäßigkeiten und Ursachen, sogenannten Kausalitäten, die der Mensch erforscht und selbst nachstellen kann.[40] Jede Veränderung, die eintritt, hat eine bestimmte Folge. Tritt beispielsweise eine Ursache A ein, so kann nach der deterministischen Denkweise nur eine Folge B auftreten.[41] Gäbe es einen Menschen mit absolutem Wissen, so könnte er jedes eintreffende Ereignis vorhersehen, da er dessen weitliegende Ursachen bereits kennt.[42] Als Vorreiter des Determinismus galt die aus dem 17 Jhd. stammende Schrift *Systeme der*

---

[37] Ebd.
[38] Jantschek, Thorsten: Seien sie mal nicht so stolz auf Ihr Ich!,
http://www.faz.net/aktuell/feuilleton/buecher/rezensionen/sachbuch/michael-gazzaniga-die-ich-illusion-seien-sie-mal-nicht-so-stolz-auf-ihr-ich-11667027-p2.html.
[39] Rudolph, Holger: Determinismus und Kausalgesetz, http://www.hfrudolph.bplaced.net/Kausal.html.
[40]Carsten: Vom Determinismus- wie frei ist der Mensch, http://www.psyheu.de/3854/determinismus-willensfreiheit/.
[41] Kürzeste Erklärung des Determinismus, https://www.youtube.com/watch?v=Hta-ls0WDVI&feature=youtu.be.
[42] Falkenburg, Brigitte: Determinismus oder Willensfreiheit, https://www.spektrum.de/video/determinismus-oder-willensfreiheit/1467629.

Natur von Paul Thiry l'Holbach. Sie befasste sich mit dem Prinzip der Folge und Wirkung, den Naturgesetzen und dem Materialismus.

Mittlerweile kann man durch die Erkenntnisse, die die Wissenschaft in den letzten Jahrzenten erlangte, das physische Dasein des Menschen auf dieser Erde vollständig erklären (Beispielsweise der zellulare Aufbau des Menschen oder bio-chemische Prozesse innerhalb des menschlichen Gehirns). Der Körper unterliegt den Gesetzen der Natur, genauso wie der Rest der Natur auch diesen unterliegt. Für den Menschen sind nur nicht alle körperlichen Prozesse und Zusammenhänge genauestens nachvollziehbar, das Wissen darüber existiert allerdings bereits. [43] Das Bewusstsein, und damit auch die Entscheidungen des Menschen, sind äußerst abstrakt und schwer greifbar. Die Deterministen berufen sich jedoch

Bild 5: Wie bei einem Domino-spiel sind Kausalitäten mit ihren Folgen verknüpft.

auf die neuesten Forschungen der Neurobiologen. Experimente, wie auch die Gazzangias, stützen die These, dass das menschliche Bewusstsein eine Illusion biologischer Prozesse des Gehirns sei.

Aus diesen Erkenntnissen lässt sich schließen, dass das abstrakte Gefühl des Bewusstseins eine vorgespielte Lüge unserer Zellen und Synapsen ist. Der Mensch unterliegt seiner Biologie. Man spricht von *Neuronalem Determinismus*. [44] Einen freien Wille zu haben, also sich bei einer Entscheidung mit unterschiedlichen Folgen festzulegen, kann nach diesem Weltbild nicht existieren, da bereits vor der Entscheidung festgelegt ist, dass diese nicht anders verlaufen kann.

Man unterscheidet zwischen *harten Deterministen*, die an eine vorherbestimmte Welt glauben und den freien Willen für einen Mythos halten und *weichen Deterministen*, die zwar auch an eine vorbestimme Welt glauben, jedoch an dem freien Willen des Menschen festhalten. *Libertarier* glauben an unterschiedlich mögliche Ausgänge einer Ursache und somit auch an einen freien Willen. [45] Die Ursache A kann demzufolge nicht nur die Folge B haben, sondern auch die Folgen B, C, D (usw.), die alle zufällig eintreten.

Die Wissenschaft, auf die die grundlegende Argumentation des Determinismus baut, entkräftet zur gleichen Zeit diese Weltanschauung: Die Thermodynamik und die Quantentheorie beweisen mittlerweile, dass auf Atomebene Vorgänge in der Natur nicht deterministisch, sondern zufällig ablaufen: Für Prozesse bei mikroskopisch physikalischen Objekten lassen sich keine direkten Folge vorherbestimmen, man kann lediglich Aussagen über die Wahrschein-

[43] Schüngel, Niclas: D. Determinismus und Willensfreiheit, http://nicolas.schuengel.net/buch/determinismus.php.
[44] Heinle, Jonas: Neuronaler Determinismus, https://www.sapereaudepls.de/was-soll-ich-tun/willensfreiheit/neurodeterminismus/.
[45] Carsten: Vom Determinismus- wie frei ist der Mensch, http://www.psyheu.de/3854/determinismus-willensfreiheit/.

lichkeiten der Folgen treffen.[46] [47] Vorgänge auf der molekularen Ebene sind die ursprüng-
lichsten Ereignisse der Biologie. Sie sind die Grundursachen vieler drauffolgend eintretender
Konsequenzen.

Wiederum andere Wissenschaftler stellen diese sich zur Willensfreiheit bekennende Erkenntnis in Frage. So sprach sich auch Albert Einstein gegen mikrophysikalische Zufälle aus und
verfasste die berühmte Behauptung „Gott würfelt nicht". Wird nämlich ein Würfel mit genau
denselben Ausgangkausalitäten geworfen, so zeigt dieser auch bei jedem Wurf die gleiche
Augenzahl auf dessen Oberseite. [48]

7. Die Problematik des Determinismus

Geht man von dem Determinismus als Ordnung dieser
Welt aus, so bringt dieses Gedankengut gewisse gesellschaftliche Probleme mit sich. Jürgen Roth beschreibt: "Jeder Mensch handelt so, wie seine Persönlichkeit - bestimmt durch Gene, Hirnentwicklung,
frühkindliche Erfahrung und spätere Sozialisierung -
es vorschreibt."[49] Der Mensch handelt nach erzieheri-
schem und biologischem Determinismus. Demnach ist
der Mensch nicht für sein eigenes Handeln verantwort-
lich, sondern die Einflüsse, die seine Persönlichkeit
und Gehirnprozesse geprägt haben. Ein Kindesmörder
ist laut dieser Aussage nicht Schuld an dem, was er tat.
Es wäre ohnehin passiert; es gab für ihn keine Aus-
wahlmöglichkeit. Das momentane Rechtssystem be-

Bild 6: Existiert der Determinismus, so stellt
er die Menschheit vor gesellschaftliche
Fragen wie die Schuldfrage

straft die Schuldfähigkeit eines bestimmten Menschen nach dessen Verantwortlichkeit.[50] Es
stellt sich die Frage wie man Kriminalität bestraft, wenn die Schuld und Verantwortung eines
Täters nicht geklärt werden kann, und ob das heutige Strafrecht veraltet und somit überflüssig
ist.

Nach deterministischer Weltanschauung ist das Gefühl nach der Verantwortung, genauso wie
das *Ich-Bewusstsein*, lediglich eine Illusion unseres Gehirns. Jedoch gibt es kein Grund dazu
das jetzige Strafrecht durch neue Einsichten in der Welt des *Ich* in Frage zu stellen, da es sich
nun mal über die Jahrhunderte bewährt hat. Menschen werden nicht nur eingesperrt, da sie für
ihr Vergehen büßen sollen, sondern auch, um sie von der Gesellschaft zu isolieren und die

[46]Schüngel, Niclas: D. Determinismus und Willensfreiheit, http://nicolas.schuengel.net/buch/determinismus.php.
[47]Falkenburg, Brigitte: Determinismus oder Willensfreiheit, https://www.spektrum.de/video/determinismus-
oder-willensfreiheit/1467629.
[48]Schüngel, Niclas: D. Determinismus und Willensfreiheit, http://nicolas.schuengel.net/buch/determinismus.php.
[49]Ebd.
[50]Ebd.

Gesellschaft dabei vor ihnen zu beschützen. Eine Studie ergibt jedoch, dass Probanden niedrigere Strafen an Menschen verhängen, deren Autonomie in Frage stellbar ist.[51] Die Frage nach der Zurechenbarkeit von Schuld weist also auf möglich kommende Folgen hin, die entstehen könnten, wenn der Determinismus des menschlichen Willens bestätigt wird. Beispielsweise könnten gesellschaftlich-ethnische Fragen und Probleme auftauchen, die einen Gesellschaftswandel zur Folge haben könnten.[52]

8. Der Mythos des unfreien Willen

Seit dem Libet-Experiment ist die Frage nach dem freien Willen in aller Munde. Viele Medien berichteten über die menschliche Unfreiheit, überall wird über dieses Thema debattiert und diskutiert. Darüber erlebte die Neurowissenschaft einen wahren Aufschwung und das menschliche Gehirn wurde und wird immer weiter erforscht. Als Antwort des Libet-Experiments wurde an der technischen Universität Berlin weiter an dem Bewusstsein geforscht. [53] In einem ähnlichen Experiment, wie das Libets, wurden Probanden an ein EEG angeschlossen. Dieses Mal sollten die Versuchspersonen gegen den Computer und dessen Prognosen über seine Entscheidung antreten. Die Personen sollten sich entscheiden, wann sie auf ein Pedal treten. Drücken sie dieses Pedal, wenn eine angebracht Leuchte vor ihnen grün ist, bekamen sie einen Punkt. Falls die Leuchte rot war, bekamen sie einen Punkt abgezogen. Immer wenn der Computer ein Bereitschaftspotenzial der Probanden, das Pedal zu drücken, wahrnahm, schaltete die Lampe für eine Sekunde auf Rot um. Den meisten Personen gelang es dabei, ihre im Kopf bereits festgelegte Entscheidung bewusst rückgängig zu machen.[54] Zwar kann der Mensch seine motorische Durchführung der Entscheidung nur bis 200 Millisekunden davor stoppen, dennoch ist der Wille des Menschen nicht so stark eingeschränkt wie zunächst angenommen.

Das Libet-Experiment ist demnach kein Beweis dafür, dass der Mensch die Entscheidungen, die er trifft, von dem Gehirn vorgegeben bekommt. Auch die Aussage des Experiment Gazzangias kann durch diesen Versuch teilweise entkräftet werden. Wie allerdings bereits angenommen, ist auch dieses Experiment kein Nachweis dafür, dass der freie Wille existiert.

Ein weiteres Experiment der Berliner Charité unter der Leitung Dylan Haynes führte zur Erkenntnis, dass bewusste Willensentscheidungen sogar im Gehirn ablaufen können. Dieser Versuch war ebenfalls ähnlich aufgebaut wie der Libets, nur, dass Knöpfe gedrückt werden sollten. Die Probanden sollten sich mit ihrer rechten Anhand mental darauf vorbereiten, den Knopf zu drücken. Nur konnten die Personen hier sowohl schnellstmöglich den Knopf drücken oder sich im letzten Moment zurückziehen. Bei Probanden, die sich umentschieden,

---

[51] Shariff, Azim/Vohs, Kathleen: Eine Welt ohne freien Willen?,
https://www.spektrum.de/magazin/determinismus-eine-welt-ohne-freien-willen/1335219 (16.05.18)

[52] Shariff, Azim/Vohs, Kathleen: Eine Welt ohne freien Willen?,
https://www.spektrum.de/magazin/determinismus-eine-welt-ohne-freien-willen/1335219 (16.05.18)
[53]Müller-Jung, Johannes: Endlich befreit!, http://www.faz.net/aktuell/wissen/ist-das-gehirn-fremdgesteuert-endlich-befreit-14034210.html.
[54] Falkenburg, Brigitte: Determinismus oder Willensfreiheit, https://www.spektrum.de/video/determinismus-oder-willensfreiheit/1467629.

wurde das übliche Bereitschaftspotential gemessen. Neu bei diesem Experiment war jedoch, dass bei einer Umentscheidung starke Hirnströmungen im sogenannten dorsomedialen frontalen Cortex gemessen wurden. Dieser Teil des Gehirns scheint also ein Veto auf eine bereits gemachte Entscheidung einlegen zu können.[55] Die Schlussfolgerungen über dieses Experiment gehen weit auseinander: Die einen behaupten, dass unser Gehirn einen freien Willen durch gegebene Funktionen begünstigte, andere behaupten, dass gerade aufgrund der Existenz dieses Veto-Mechanismus ein vermeidlicher freier Wille vorhanden sein mag, der jedoch nur ein weiteres Teil unseres Systems „Gehirn" ist, um uns die Illusion eines freien Willen vorzuspielen.

9. Fazit

Die Frage nach der Willensfreiheit mag einer der bedeutsamsten philosophischen Gedankengüter sein, gerade weil die verschiedenen Antworten unterschiedliche Bilder des Menschen zeichnen. So denke ich auch, dass eben diese Erkenntnisse zu gesellschaftlichen Veränderungen, oder sogar zu Problemen, führen könnten. Es ist eine Tatsache, dass sowohl Wissenschaftler, als auch die Menschheit selbst, sich in zwei Lager aufteilen: Zum einen die Befürworter, zum anderen die Gegner des Glaubens an den freien Willen.

Bei nüchterner Betrachtung der Forschungsergebnisse der letzten Jahrzehnte könnte man meinen, dass der Mensch nicht der Herr über seine eigenen Entscheidungen sei. Hierfür sprechen die gesammelten Fakten und Thesen. Ein Großteil der Forschungen weist darauf hin, dass das menschliche Gehirn bereits vor der tatsächlichen Entscheidung unbewusst weiß, wie der Mensch handeln wird. Das Unterbewusstsein, der nicht einsehbare Teil des *Ich*, prägt 90% des menschlichen Lebens. Es sieht sogar so aus, als würde das Gehirn den Menschen ein *Ich-Bewusstsein* nur vortäuschen, um ihn Glauben zu lassen, Herr über seine eigenen Entscheidungen zu sein. Prägungen des Umfelds, vor allem die elterliche Erziehung, formen den Menschen unverkennbar. Die Entscheidungen des Menschen scheinen also schon längst gefällt zu sein. So wäre beispielsweise ein deutscher Mönch wohl kaum Christ, wenn er in Marokko aufgewachsen wäre. Es gibt nur wenige Forschungsansätze, die versuchen die Willensfreiheit selbst zu belegen. Diese liefern allerdings keine eindeutigen Hinweise auf die Existenz der Willensfreiheit.

Jedoch fiel mir bei meinen Recherchen auf, dass Wissenschaftler bei ihren Forschungen nur selten die Komplexität des menschlichen *Ich* und dessen Bewusstseins tatsächlich in Betracht ziehen. Oft werden bei der Auswertung der Forschungsergebnisse keine Zusammenhänge zwischen den Teilbereichen Bewusstsein, Körper und Umfeld betrachtet oder es wird lediglich nur einer dieser Teilbereiche erforscht. Während man versucht akribisch durch Experimente die Willensfreiheit zu widerlegen, werden das Bewusstsein und das Wissen darüber

---

[55] Hubert, Martin: Und es gibt ihn doch!, http://www.deutschlandfunk.de/und-es-gibt-ihn-doch.676.de.html?dram:article_id=258470.

außer Acht gelassen. Letztendlich kann und wird uns die Forschung vermutlich keine eindeutigen Hinweise auf die Existenz eines freien Willens geben können.

Nach meinen Erfahrungen und Recherchen komme ich zu dem Schluss, dass die Antwort auf die Frage nach der menschlichen Willensfreiheit, entgegen der Meinung der meisten Experten nicht schwarz oder weiß sein muss. Vielmehr glaube ich an einen freien Willen des Menschen, der allerdings beschränkt ist. Der Mensch zeichnet sich eben durch sein hochentwickeltes *Ich-Bewusstsein* und damit durch seinen freien Willen aus. Und dieses Bewusstsein lässt den Menschen zu dem werden, was er ist: Forscher, Entdecker und Teil einer Gemeinschaft mit anderen Menschen. Dies verdankt der Mensch zum Teil seinen biologischen Prozessen, die ihn vielleicht täuschen und kontrollieren vermögen. Diese biologischen Prozesse sind die Voraussetzung dafür, dass der Mensch Kultur, Emotion und Wissen durch Kommunikation weitergeben kann. So muss keine kommende Generation das Rad neu erfinden. Das Unterbewusstsein, die menschliche Entscheidungsmaschine, stützt und schützt den Menschen durch Automatismen und hilft ihm dann, wenn die Tragweite der bewussten Vorgänge nicht mehr ausreichen. Dabei spart der menschliche Körper Energie.

Steht der Mensch vor einer folgeschweren Entscheidung ist er aber in der Lage bewusst und frei zu entscheiden und sich selbst Unbewusstes bewusst zu machen. Die Frage sollte also nicht lauten, „ob der Mensch einen freien Willen besitzt", sondern „wie sehr dessen freier Wille eingeschränkt ist". Würde sich die Menschheit mit der letzteren Frage intensiver beschäftigen, dann könnte sich jeder einzelne bewusst darüber werden inwiefern seine Persönlichkeit von seinem Umfeld und seinem Unterbewusstsein geprägt ist. Er wäre dadurch in der Lage gezielt seinen Willen zu hinterfragen, Konsequenzen und Erfahrungen abzuwägen und letztendlich durch seinen freieren Willen Entscheidungen zu treffen. Das könnte die Welt reflektierter und eventuell auch besser machen.

Auch wenn unsere Welt und unsere Entscheidungen vorherbestimmt wären, die Menschen aber hinter ihrer Freiheit stünden und an diese glauben würden, wäre die Welt ein besserer Ort.

Literaturverzeichnis:

Textquellen

Literaturquellen

1. Buber, Martin: Ich und du. Ditzingen 2001 S.34ff
2. Kutter, Peter: Moderne Psychoanalyse: eine Einführung in die Psychologie unbewusster Prozesse. Stuttgart 3 überarbeitete Aufl. 2000.
3. Landtag Baden-Württemberg: Grundgesetz Landesverfassung. 2010
4. Kara, Stefanie: Wir wissen nicht was wir tun. (Das Unbewusste), in: Die Zeit (25.01.2018), Ausgabe 5, S.36f
5. Pongratz J., Ludwig: Hauptströmungen der Tiefenpsychologie. Stuttgart überarbeitete Auflage 1983
6. Dietrich, Michael: Wie sich Menschen ändern. Und wie wir dazu beitragen können, Witten 2009.

Internetquellen

7. Bahnsen, Ulrich/Schnabel, Ulrich: Was ist das Ich?, http://www.zeit.de/zeit-wissen/2012/02/Mensch-Individuum-Selbstbewusstsein/komplettansicht (03.01.18)
8. Be., J ;Unterbewusstsein, www.spektrum.de/lexikon/biologie/unterbewusstsein/68591 (20.01.18)
9. Blanke, Olaf / Lenggenhager, Bigna / und Heydrich Lukas: Mein Körper und ich, https://www.spektrum.de/magazin/mein-koerper-und-ich/1011012 (24.11.18)
10. Carsten: Vom Determinismus- wie frei ist der Mensch, http://www.psyheu.de/3854/determinismus-willensfreiheit/ (04.01.18)
11. Dr. Herzog, Christa: Was ist Unterbewusstsein, http://www.privatedimension.at/was_ist_unterbewusstsein.html (15.02.18)
12. Duden: Willensfreiheit, die, https://www.duden.de/rechtschreibung/Willensfreiheit (27.03.18)
13. Falkenburg, Brigitte: Determinismus oder Willensfreiheit, https://www.spektrum.de/video/determinismus-oder-willensfreiheit/1467629 (02.04.18)
14. Geburek, Alex: Die Frage nach der Willensfreiheit, https://www.huffingtonpost.de/alex-geburek/determinismus-wille-entscheidungsfindung_b_12901208.html (02.02.18)
15. Heinrich, Christian/Hürter, Tobias / Kara, Stefanie und Wüstenhagen, Claudia: Die Kunst der Entscheidung, http://www.zeit.de/zeit-wissen/2011/06/Entscheidungen/komplettansicht (03.03.18)
16. Heinle, Jonas: Neuronaler Determinismus, https://www.sapereaudepls.de/was-soll-ich-tun/willensfreiheit/neurodeterminismus/ (20.01.18)
17. Heuer, Jens Christian: Verdrängung und Gehirnforschung, https://neuropsychoanalyse2012.wordpress.com/category/moderne-psychoanalyse/ (01.03.18)
18. Hubert, Martin: Und es gibt ihn doch!, http://www.deutschlandfunk.de/und-es-gibt-ihn-doch.676.de.html?dram:article_id=258470 (15.02.18)
19. Jantschek, Thorsten: Seien sie mal nicht so stolz auf Ihr Ich!, http://www.faz.net/aktuell/feuilleton/buecher/rezensionen/sachbuch/michael-gazzaniga-die-ich-illusion-seien-sie-mal-nicht-so-stolz-auf-ihr-ich-11667027-p2.html (03.05.18)
20. Linde, Malte: Das Libet-Experiment, https://www.planet-wissen.de/natur/forschung/hirnforschung/pwiedaslibetexperiment100.html (07.01.18)
21. Müller-Jung, Johannes: Endlich befreit!, http://www.faz.net/aktuell/wissen/ist-das-gehirn-fremdgesteuert-endlich-befreit-14034210.html (18.03.18)

22. Richert, Beatrice: Werte Index 2018, https://www.tns-infratest.com/presse/presseinformation.asp?prID=3609 (24.03.18)
23. Rudolph, Holger: Determinismus und Kausalgesetz, http://www.hfrudolph.bplaced.net/Kausal.html (16.02.18)
24. Stangl, W.: Energieverbrauch des Gehirns, http://arbeitsblaetter-news.stangl-taller.at/energieverbrauch-des-gehirns/ (03.03.18)
25. Shariff, Azim/Vohs, Kathleen: Eine Welt ohne freien Willen?, https://www.spektrum.de/magazin/determinismus-eine-welt-ohne-freien-willen/1335219 (16.05.18)
26. Schüngel, Niclas: D. Determinismus und Willensfreiheit, http://nicolas.schuengel.net/buch/determinismus.php (15.02.18)
27. Stüvel, Heike: Die heimliche Macht des Unbewussten, https://www.welt.de/wissenschaft/article3411612/Die-heimliche-Macht-des-Unbewussten.html (24.11.17)
28. Was sagt die Bibel über Willensfreiheit? Ist mein Schicksal nicht fest in Gottes Hand? https://www.jw.org/de/bibel-und-praxis/fragen/willensfreiheit-und-die-bibel/ (24.03.18)

Videoquellen:

1. D'amicis, Francesca / Höfer, Petra / Röckenhaus, Freddie: Das automatische Gehirn, zweiteilige Dokumentation, 86min, 2011 (03.11.18)
2. Kürzeste Erklärung des Determinismus, https://www.youtube.com/watch?v=Hta-ls0WDVI&feature=youtu.be (20.01.18)

Bildquellen:

Bild 1: https://www.flaticon.com/free-icon/communication_838677 (11.05.18)
Bild 2: https://creating-corporate-cultures.org/de/services/kulturanalysen/ (11.05.18)
Bild 3: https://www.tankonyvtar.hu/hu/tartalom/tamop412A/2011-0094_neurologia_de/ch06.html (11.05.18)
Bild 4: http://www.peak8.de/blog/selbstreflexion/ (11.05.18)
Bild 5: https://pixabay.com/de (30.05.18)
Bild 6: https://pixabay.com/de (30.05.18)